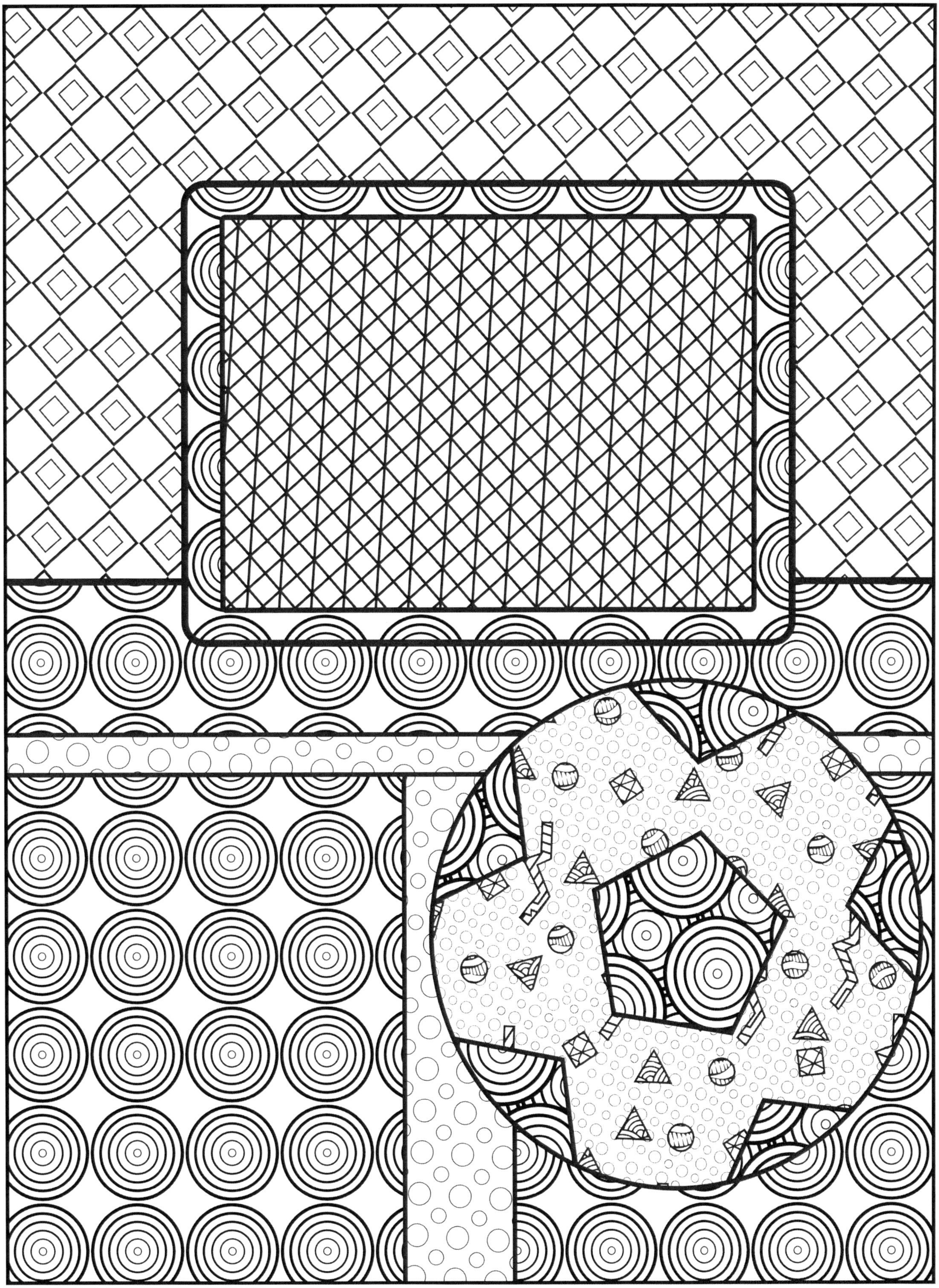

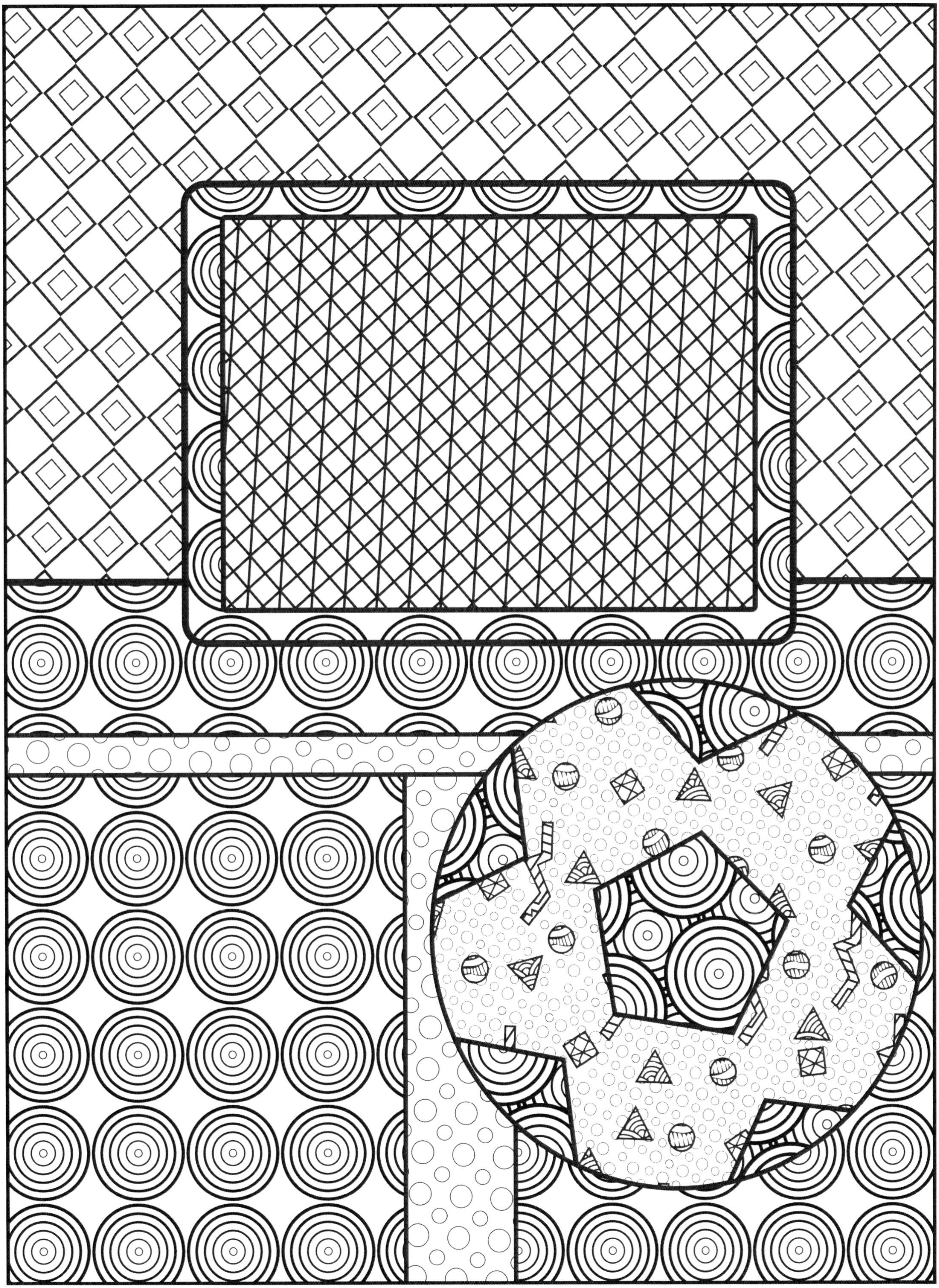

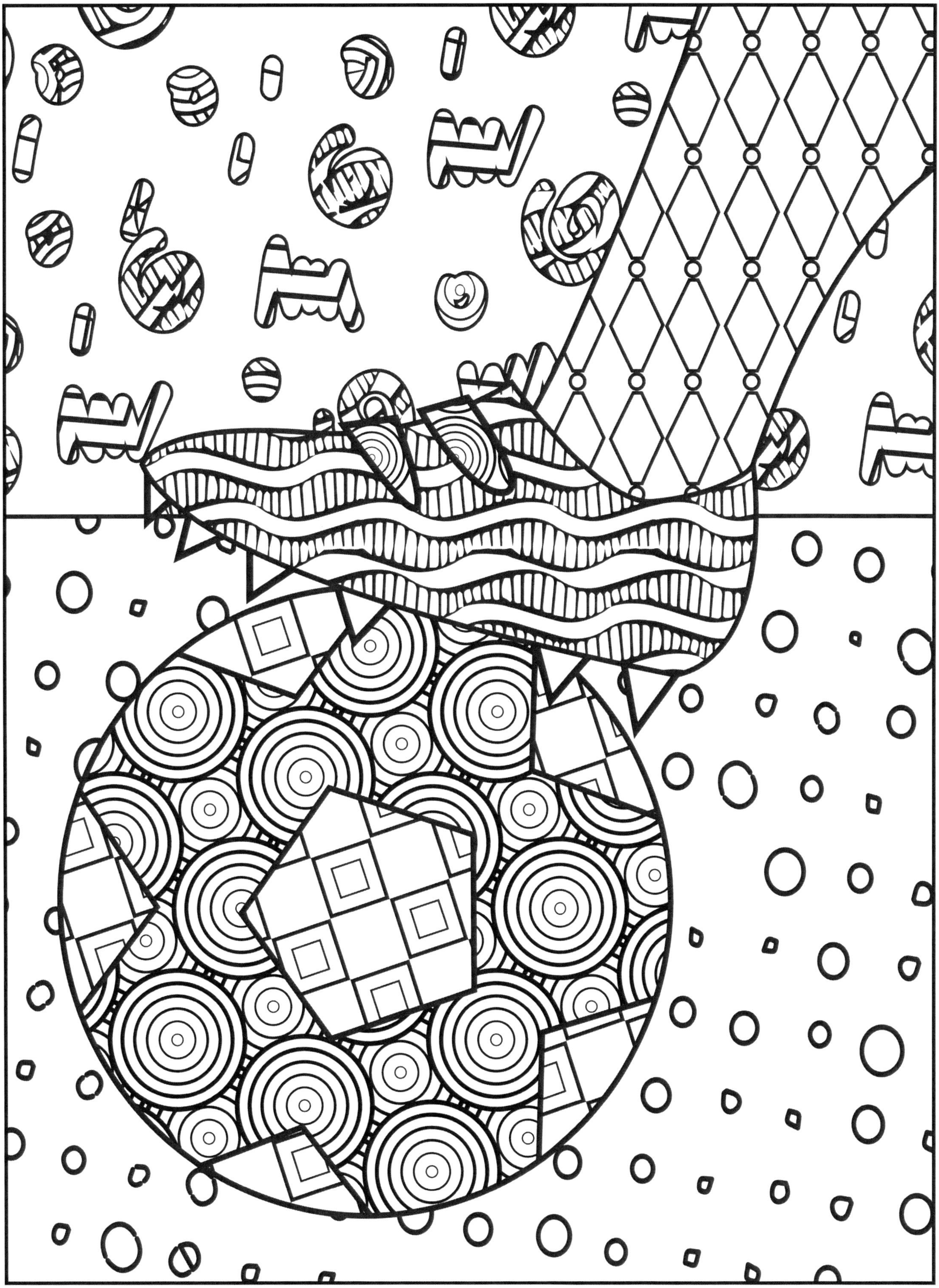

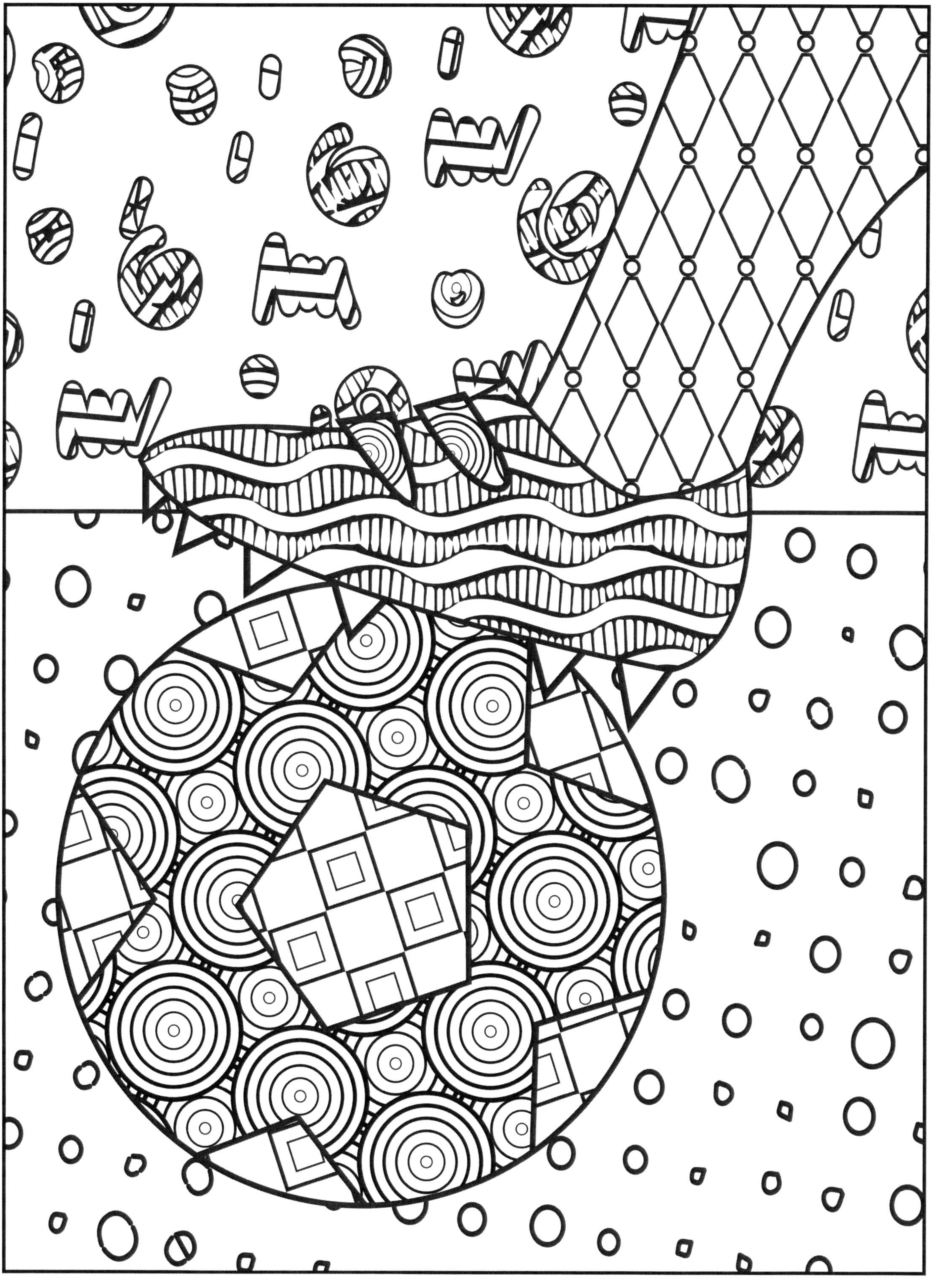

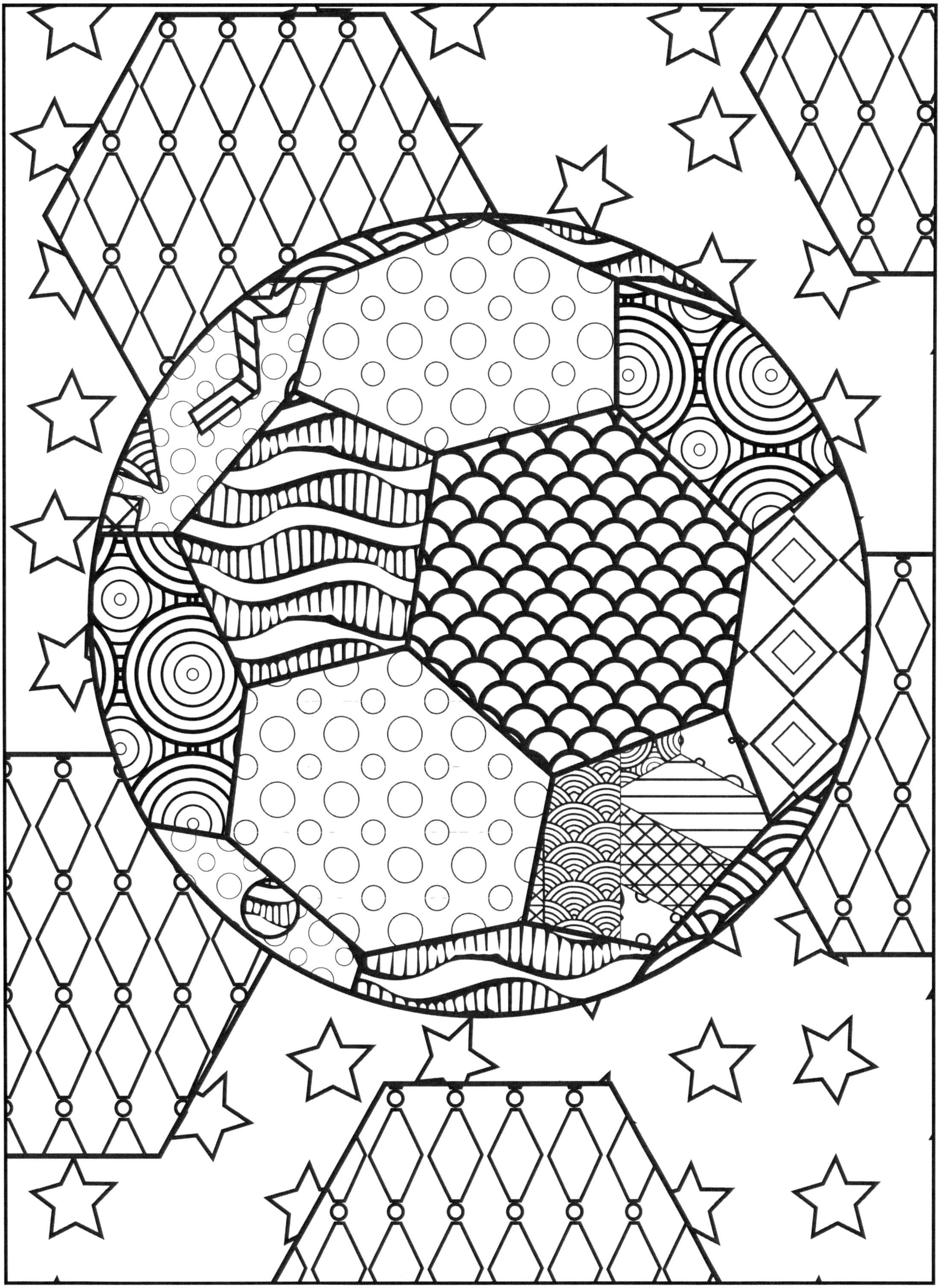

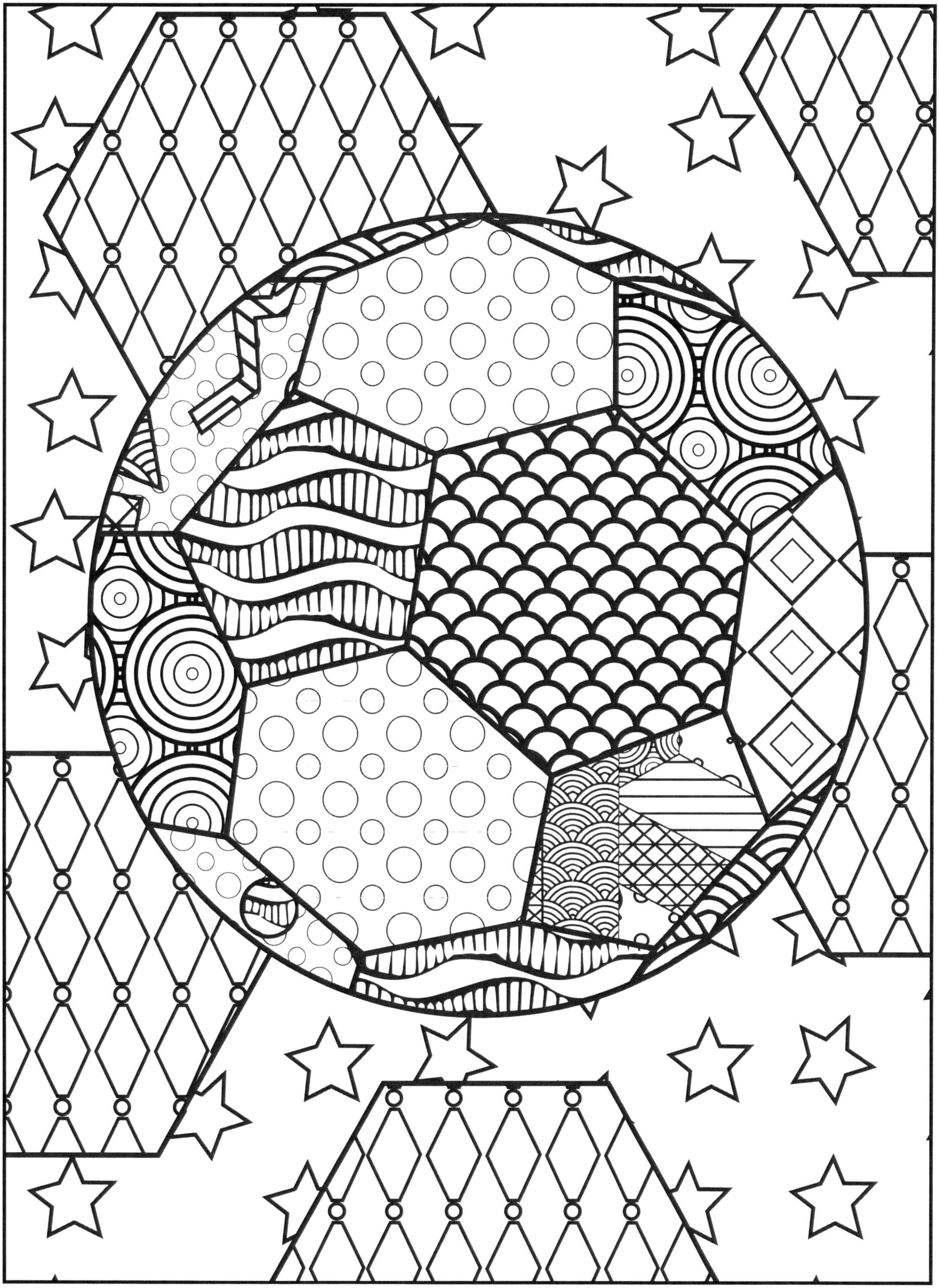

01
01

01
01

10
8
21
16

10
8
21
16

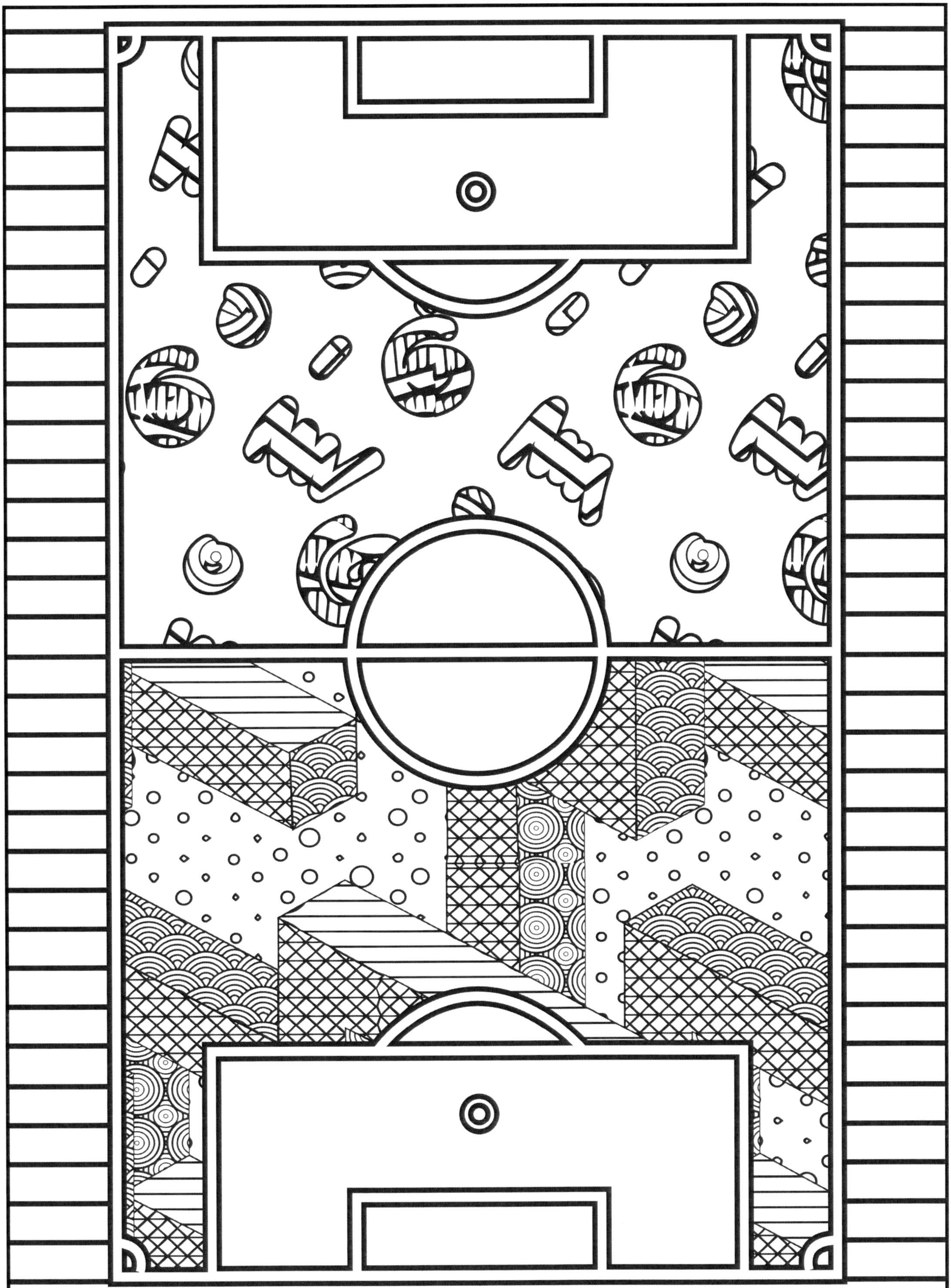

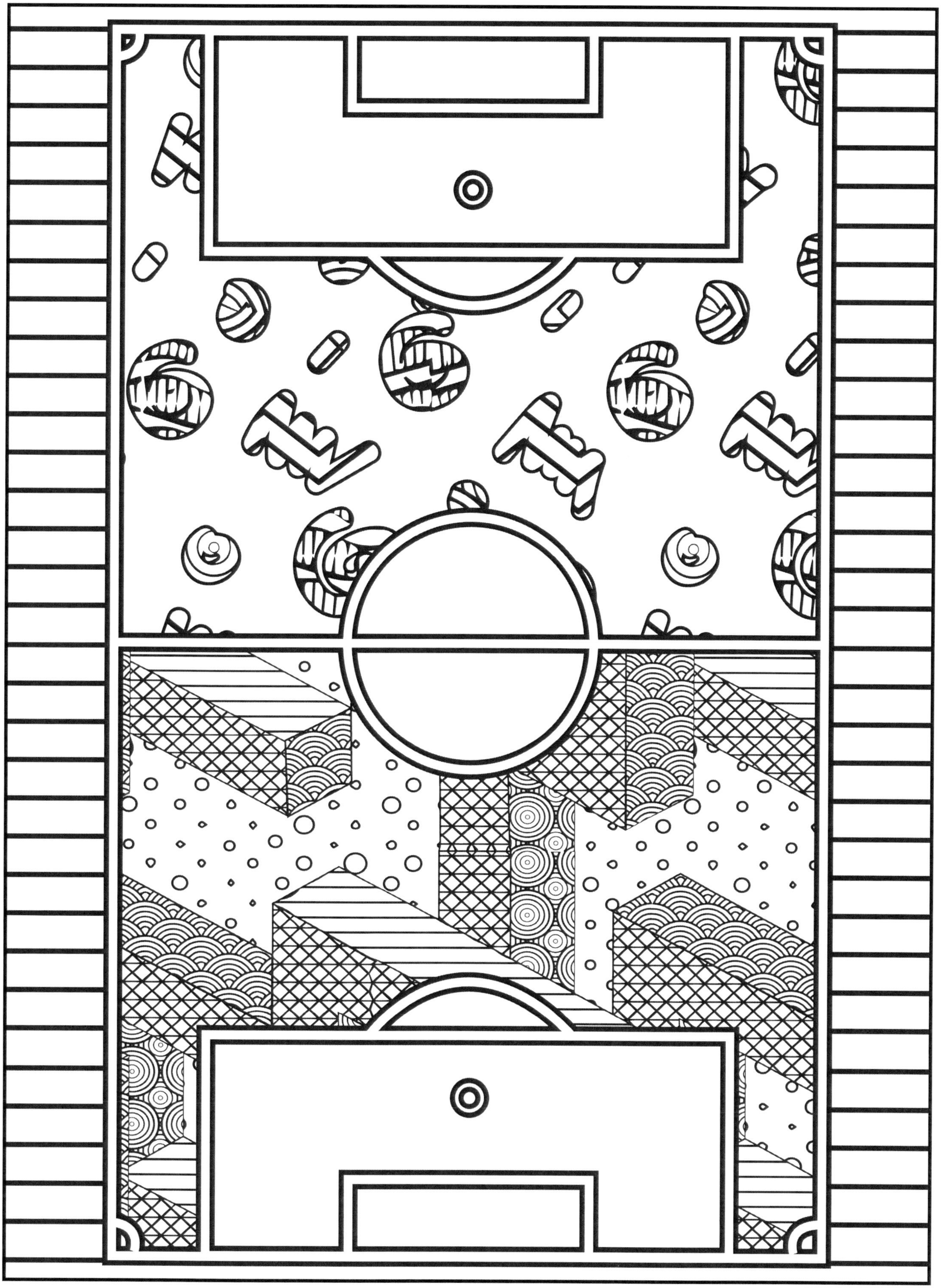

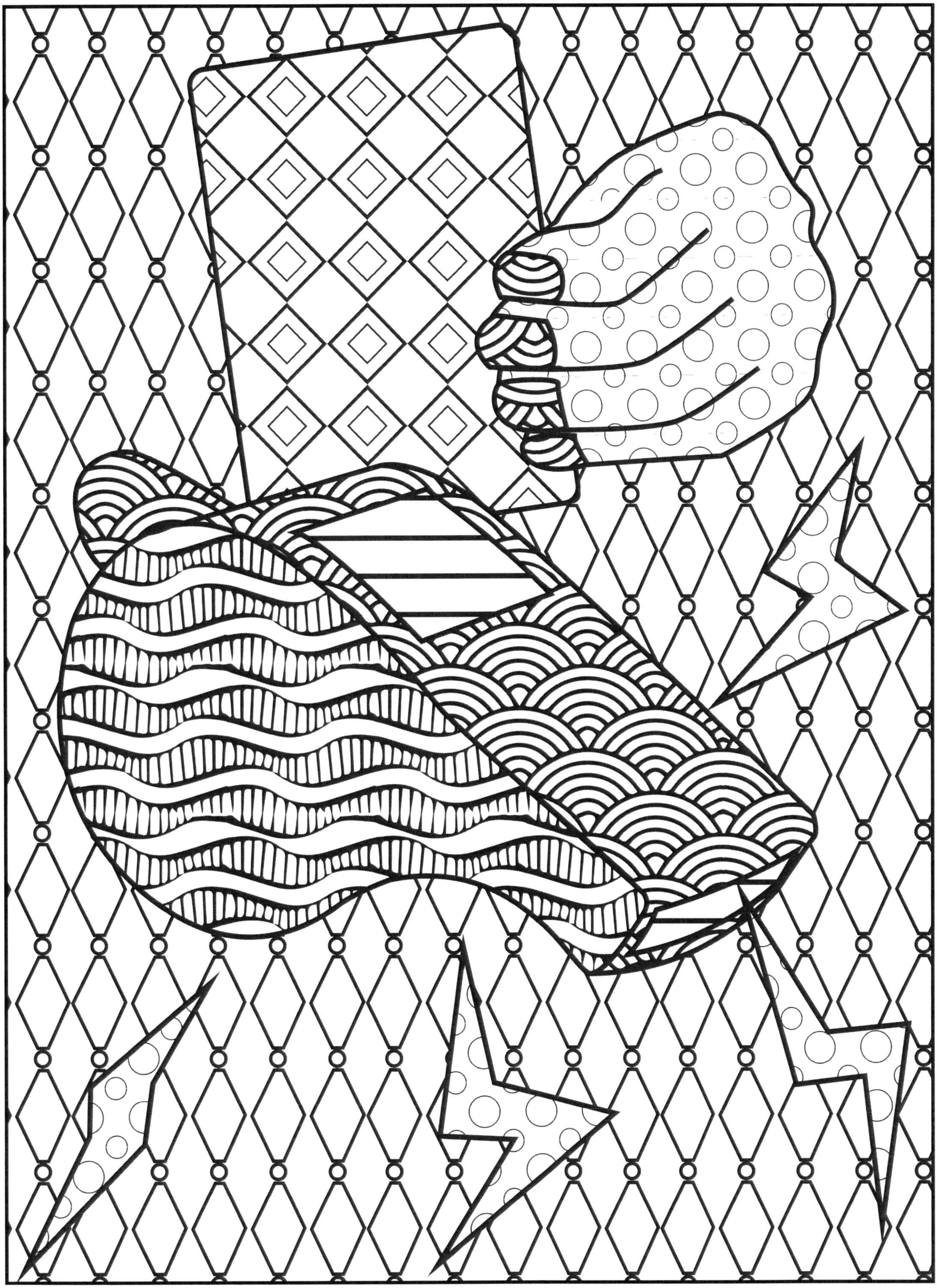

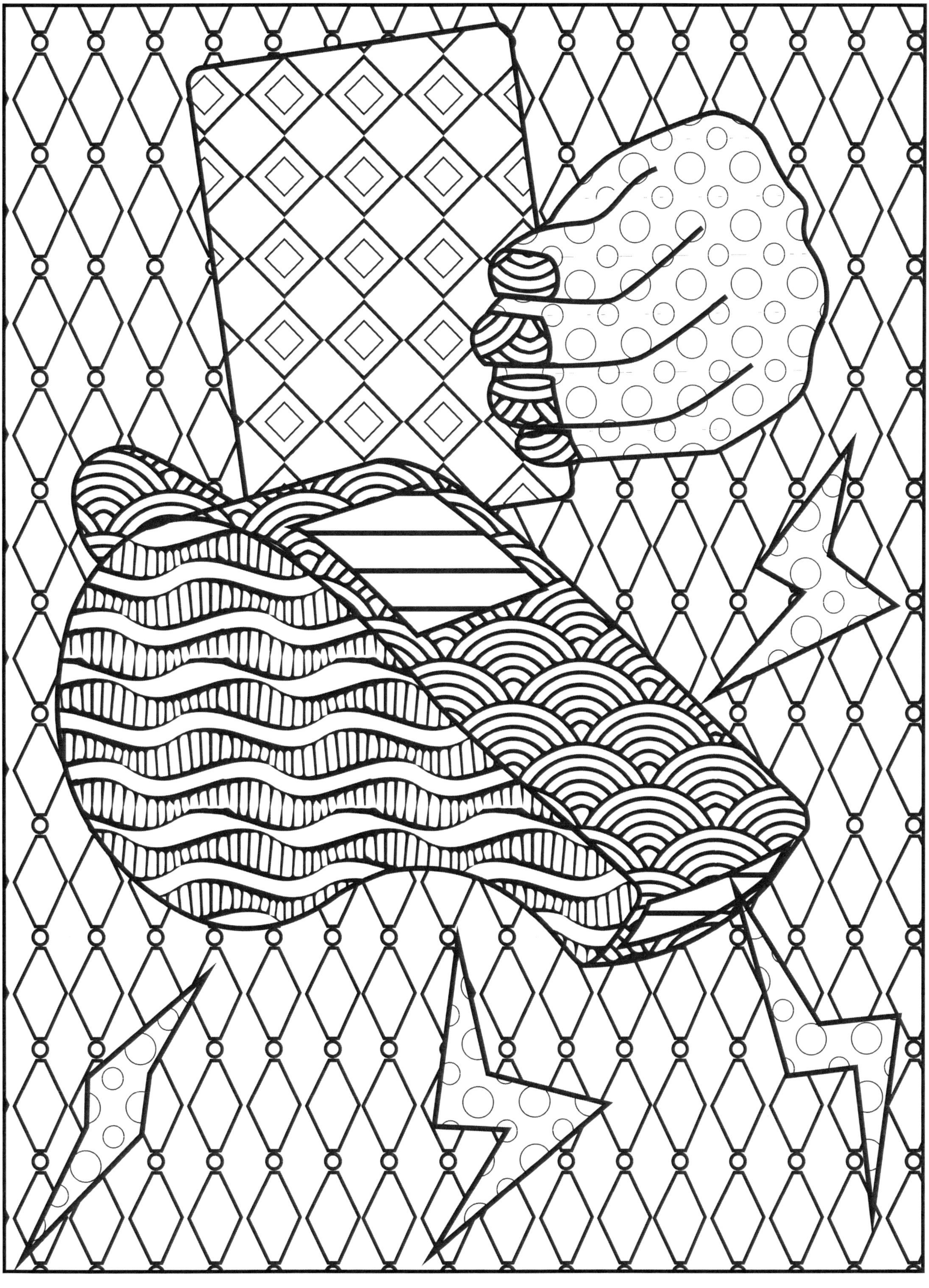

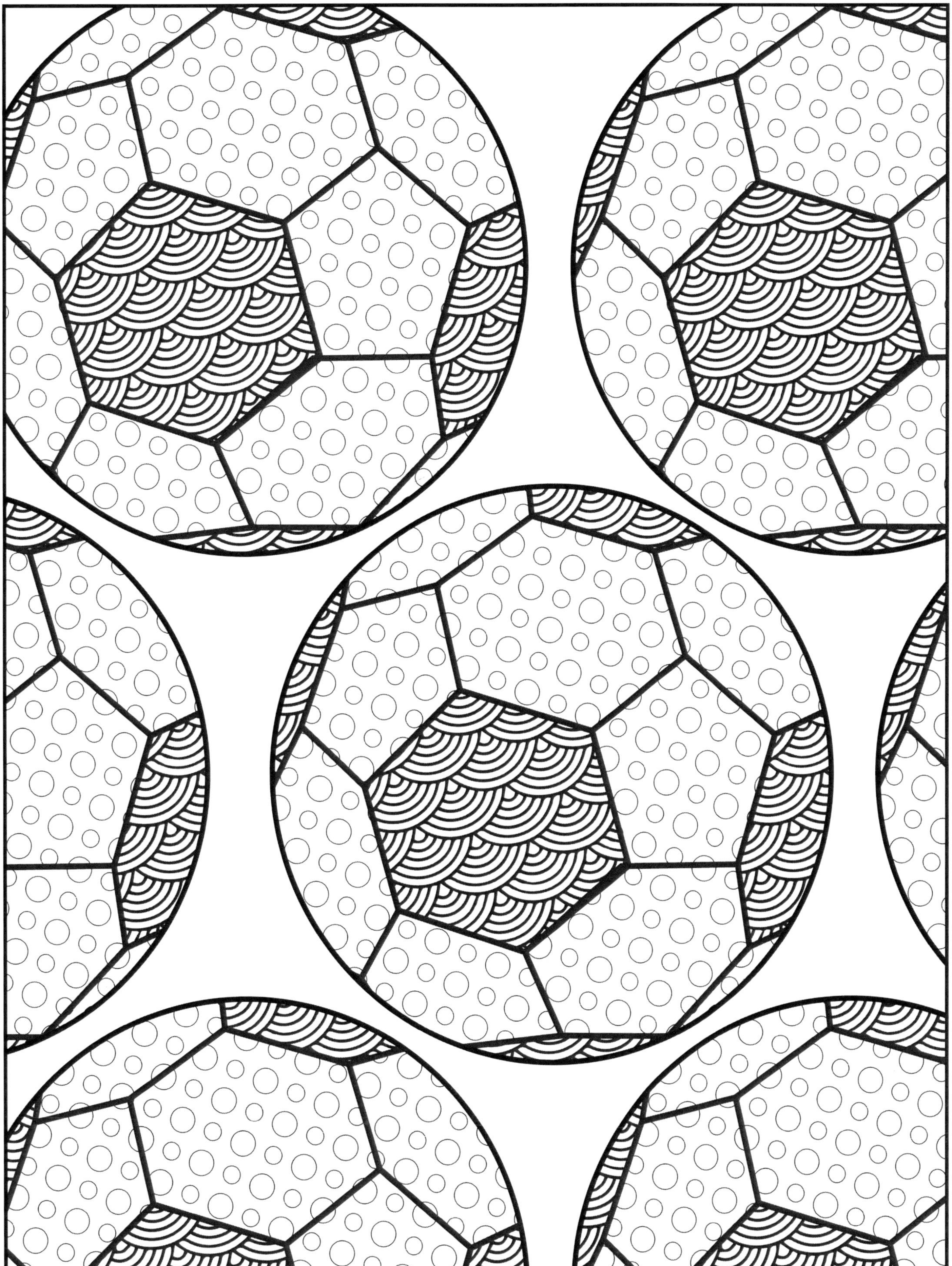

Made in United States
North Haven, CT
03 December 2021

11923432R00038